# Das Institut für Braunschweigische Regionalgeschichte und Geschichtsvermittlung, TU Braunschweig informiert

## Betrachtungen zur Geschichte des Spargels, insbesondere im Braunschweiger Land

### Prof. Dr. h.c. Gerd Biegel

Raabe:
*»Von Altersher berühmt durch Heinrich den Löwen,
den Heldenherzog Friedrich Wilhelm,
Wurst und Honigkuchen.
Neuerdings durch den Spargel und Wilhelm Raabe.«*

Alle Jahre wieder: es ist wieder Spargelzeit. Grundsätzlich beginnt diese, wenn es den ersten Spargel gibt. Und den ersten Spargel gibt es meist ab Anfang April, aber abhängig vom Wetter, in diesem Jahr etwa Kälte und Nässe, kann der Termin auch schon einmal später liegen (unabhängig von der Unsitte das natürliche Wachstum durch Bodenheizungen aus wirtschaftlichen Gründen zu beeinflussen). Das größte deutsche Spargelanbaugebiet liegt in Niedersachsen und auch das Braunschweiger Land hat eine lange historische Tradition des Spargels.

Daher möchte ich – wie jedes Jahr – wieder an Geschichte und Kultur des königlichen Gemüses erinnern und wünsche viel Spaß bei der Lektüre, vor allem aber demnächst viel Genuss beim Essen des Spargels aus dem Braunschweiger Land. Über Geschmack lässt sich stets gut streiten – sagt der Volksmund – über eines jedoch nie: über den Geschmack des Spargels. Er ist eigentlich kein Gemüse – er ist Kultur und daher wollen wir zu seinen Anfängen zurückgehen:

Als ursprüngliche Heimat des wild wachsenden Spargels galt vielfach Vorderasien; eigentlich aber war es Ägypten, wo vor 5000 Jahren erstmals Spargel den Pharaonen als Delikatesse serviert wurde. Dabei handelte es sich um sogenannten Wildspargel, der grün war und nicht viel dicker als ein gewöhnlicher Grashalm. Auch in China war er vor etwa 4000 Jahren bereits bekannt.

Wildwachsender Spargel, Asparagus acutifoli (Dornenspargel), galt in Griechenland als heiliges Kranzgewächs, das der Göttin Aphrodite geweiht war. Im Mythos versteckt sich Perigune, die Tochter des Wegelagerers Sinius hinter einem Spargelbusch, um sich vor Theseus zu retten, der sie bedrängte, nachdem er ihren Vater besiegt hatte.

Die Griechen beschäftigten sich aber vor allem unter botanischen und pharmakologischen Gesichtspunkten mit der Spargelpflanze, um ihn in der Heilkunde zu nutzen. Der berühmteste Arzt der Antike, Hippokrates von Kos (um 460 – 370 v.Chr.), bezeichnete Spargel erstmals als Heilpflanze, die bei *»roter Ruhr und Harnwinden«* dienlich sei. Die Römer dagegen kultivierten den Spargel als Gartenspargel (asparagus officinalis) und entwickelten eine regelrechte Spargelkultur, denn sie schätzten bereits den *»edlen Geschmack«* des Gemüses, das als *»Schmeichelei für den Gaumen«* geschildert wurde. Der Ackerbauschriftsteller (Marcus Portius) Cato (234 – 149 v. Chr.) gab in seinem Buch *»Über den Landbau«* in einem eigenen Kapitel genaue Anleitungen, wie der Spargel am besten zu pflanzen sei:

*Mitte Februar werden die Spargelsamen in fetten gedüngten Boden gesteckt, und zwar immer soviel Samen in eine kleine Grube, wie man mit drei Fingern fassen kann. Nach etwa 40 Tagen keimen sie und verflechten sich so miteinander, dass sie eine Masse bilden. Diese verwickelten Massen nennt man Spargelschwämme. Nach zwei Jahren pflanzt man diese in ein sonniges, feuchtes und gut gedüngtes Beet. In die Furchen setzt man diese sogenannten Schwämme, bedeckt sie mit Erde und lässt die Pflanzen leicht hervorsprossen. Im Jahr darauf knickt man die emporgewachsenen Spargelstämme ein. In den übrigen Jahren darf man die Stämme nicht abbrechen, sondern muß sie von den Wurzeln abreißen, um den neuen*

*Trieben Platz zu machen. Der Stamm, der zuletzt im Herbst wächst, wird nicht weggenommen, sondern bleibt als Samenträger stehen. Wenn die Samen abgenommen sind, so verbrennt man die Stämme an Ort und Stelle, hackt, jätet und wirft Asche oder Mist auf das Beet, so dass der Regen im Winter die düngenden Bestandteile hinunter zu den Wurzeln spült. Im Frühjahr dann werden die Beete, bevor der Spargel zu wachsen beginnt, mit einer Hacke aufgelockert, damit die Stämme leicht in die Höhe kommen und in dem lockeren Boden recht dick werden. Der Spargel ist vor übergroßer Nässe zu schützen. Im Herbst allerdings soll er reichlich begossen werden, da er dann zartere und kräftigere Sprossen treibt. Wenn die Spargelpflanzen nach acht oder neun Jahren alt sind, verpflanzt man sie und gräbt und düngt vorher den Boden, in welchen sie kommen, kräftig. Als beste Düngung für den Spargel galt Schafmist. Im Winter muß der Spargel mit Stroh eingedeckt werden, damit er nicht erfriert.«*

Plinius der Ältere (1. Jh. n. Chr.) weist darauf hin, dass der beste und dickste Spargel in der Umgebung von Ravenna angebaut werde:

*»Den Spargel lässt die Natur wild wachsen, damit ihn jeder nach Belieben stechen kann; jetzt aber stellt man künstlich gezogenen Spargel zur Schau, und in Ravenna wiegen drei Stück zusammen 1 Pfund. Solche Ungeheuer werden für den Bauch gezogen!«*

Besonders begünstigt wurde der Spargelanbau auch in Lusitania, wo frischer Spargel nur drei Monate im Jahr nicht zu haben war. Viel Spargel gab es offenbar auch in einer bestimmten Gegend Illyriens (Balkan), wo ein Ort mit großem Vorkommen den Namen Asparagium trug. Die Römer bevorzugten Spargel als Vorspeise und anscheinend auch als Beilage zu Fischgerichten, wie die älteste bisher bekannte Abbildung auf einem Wandgemälde aus Pompeji zeigt aus der Zeit um 10 v. Chr., das neben verschiedenen Fischen und Meerestieren ein Spargelbündel darstellt. Das älteste bekannte Spargelrezept stammt ebenfalls aus römischer Zeit. Gavius Apicius empfahl dabei um 40 v. Chr. Spargel in Eierkuchen. Der berühmte römische Kaiser Augustus schätzte Spargel ebenfalls sehr und er hatte auch ein Sprichwort geprägt, das sozusagen eine Dienstanweisung an seine Beamten war, die ihre Arbeit erledigen sollten: *»velocius, quam asparagi coquuntur«* – schneller als Spargel koch-gar wird!

Durch die Römer scheint der Spargel schließlich nach Deutschland gekommen zu sein, denn Plinius erwähnt, dass in Obergermanien wilder Spargel reichlich vorkomme. Offenbar scheint nach der Antike der Gebrauch von Spargel als besonders edles Gemüse verlorengegangen zu sein. Zwar berichten einige Quellen, dass in der

Mitte des 13. Jahrhunderts zurückkehrende Kreuzfahrer Spargel-samen aus dem Heiligen Land mitgebracht hätten, jedoch baute man ihn nicht als Gemüse an. Im Mittelalter fand sich Spargel haupt-sächlich in den Küchengärten der Klöster, die ihn, gemäß den erwähnten Erkenntnissen der Antike, als Heilpflanze benutzten.

Erst im Laufe des 16. Jahrhunderts wurde Spargel als Gemüse wieder entdeckt und vor allem an den Königs- und Fürstenhöfen Europas als Luxusgemüse genossen, womit die Bezeichnung *»königliches Gemüse«* erklärt werden kann. In Frankreich, England, den Nieder-landen und Deutschland wurde Spargel zunächst nur in geringem Umfang angepflanzt, um den Bedarf einer exklusiven Oberschicht zu decken, denn Spargel galt als purer Luxus unter den Speisen der Zeit.

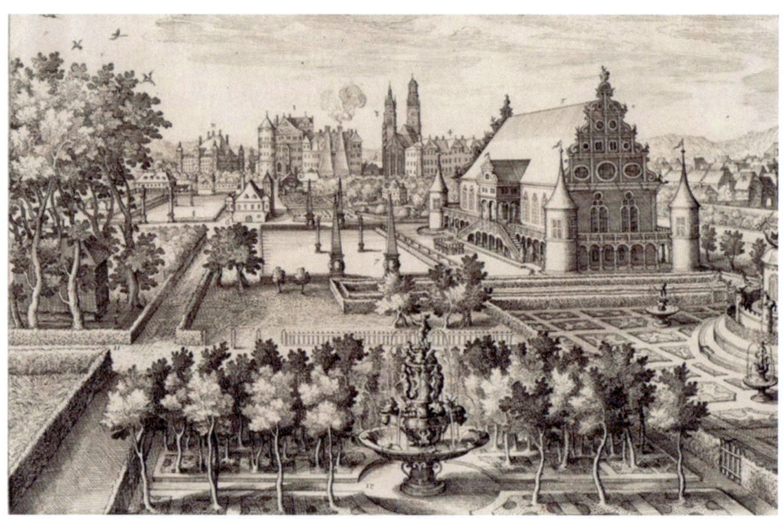

**Der Stuttgarter Lustgarten. Foto: Stadtarchiv Stuttgart**

Erstmals fanden sich in Deutschland Spargelbeete in der Mitte des 16. Jahrhunderts im Stuttgarter Lustgarten, dann im Raum Erfurt und in Braunschweig, während die Anbaugebiete um Berlin und in Brandenburg erst zu Beginn des 17. Jahrhunderts folgten.

Eine Besonderheit gilt es zu erwähnen, denn Braunschweig hatte damals eine kulinarische Vorreiterrolle eingenommen. Während in der Frühzeit stets der Grünspargel angebaut wurde, den man in weiten Teilen Deutschlands noch bis in die Mitte des 19. Jahrhunderts bevorzugte, baute man in Braunschweig den weißen Spargel an, den sogenannten *»Bleichspargel«,* dessen Geschmack wesentlich besser war und der sich dann in der zweiten Hälfte des 19. Jahrhunderts in Deutschland allgemein durchsetzte. Ausgangspunkt dieser *»Entdeckung«* war der Erzählung nach ein Bauer im Bereich der heutigen Siegfriedstrasse, der eines morgens keine Zeit fand (oder vielleicht auch keine Lust auf die mühsame Arbeit hatte) und deshalb seinen Leuten sagte, sie sollten alles abdecken, dass man es nicht merkt und am nächsten Tag wieder ausgraben. Groß war die Verblüffung am nächsten Tag, als der Spargel nach dem freilegen ganz *»blaich«* war, dick und saftig und viel besser als der dünne grüne Spargel schmeckte. Die Braunschweiger Bauern sollen daraufhin alle begonnen haben, über den Wurzelstöcken Hügelbeete aufzuhäufen und den Spargel zu stechen bevor

er durch die Erde herauswuchs und vollständig dem Tageslicht ausgesetzt war – damit war allgemein der weiße Spargel *»erfunden«*. Noch im 17. und 18. Jahrhundert blieb Spargel aber ein eher seltenes Gemüse, das nur allmählich für das Bürgertum erschwinglich war und auf den Märkten der großen Städte angeboten wurde, blieb aber weiterhin ein Ausnahmeangebot.

Erst mit der Industrialisierung im 19. Jahrhundert setzte der Umschwung ein. Im Zuge der Verkehrserschließung durch die Eisenbahn bildeten sich überregionale Märkte, die eine Ausweitung der Spargelproduktion lohnend machten. Der Spargel konnte nun in größeren Mengen abgesetzt werden und gelangte vor allem auch schnell auf entfernter gelegene Märkte. Man ging daher zum feldmäßigen Anbau über und entwickelte Spezialgeräte, um die Felder rationeller bewirtschaften zu können. Erneut war Braunschweig Vorreiter: Die Konservenindustrie entdeckte Spargel als Rohware und legte eigene Spargelfelder

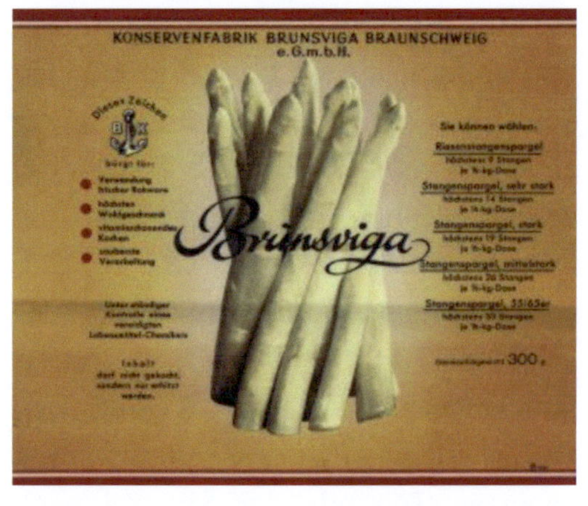


an: spätestens zu diesem Zeitpunkt war die Spargelproduktion zu einem echten Wirtschaftsfaktor geworden. Die erste Spargelkonserve entstand in Braunschweig, und zwar um 1840. Die landwirtschaftliche Spezialliteratur widmete seit dieser Zeit den Problemen des Anbaus von Spargel eigene Abhandlungen, und die Bauern in Gebieten mit sonst unbrauchbaren Sandböden versprachen sich neue Einnahmequellen durch Spargelanbau.

## SPARGELANBAU IM BRAUNSCHWEIGER LAND

Über die ersten Anfänge in Braunschweig und die gelungene Methode zum Anbau des weißen Spargels habe ich bereits berichtet. Im 17. Jahrhundert wurde Spargel dann im Gartenanbau in Braunschweig und im Schlossgarten von Schloss Hessen angepflanzt.

1775 findet sich in einer Statistik des Herzogtums der erste Hinweis auf den Beginn des agrarmäßigen Anbaus, jedoch nur mit einem Spargelfeld im Umland der Residenzstadt Braunschweig. Am Ende des 18. und Beginn des 19. Jahrhunderts war der Spargelanbau in Braunschweig und seinem Umland schon relativ weit verbreitet. Zunächst handelte es sich nach wie vor um gärtnerischen Anbau, aus dem sich erst allmählich der feldfruchtmäßige Anbau entwickelte. Die ersten Anbaugebiete lagen auf den Sandflächen des Langen Kamps, am Bülten und im Gebiet des heutigen Siegfried-Viertels. Später breitete sich der Spargelanbau weiter nach Norden bis in die Kreise von Gifhorn und Peine  aus. Die Vermutung übrigens, dass reformierte Pfälzer Kolonisten, die Mitte des 18. Jahrhunderts durch Zusicherung religiöser und wirtschaftlicher Privilegien von Herzog Carl I. nach Braunschweig, genauer nach Veltenhof, geholt wurden, auch das *»know how«* vom Spargelanbau mitbrachten, ist nicht nachzuweisen. Sie bemühten sich vielmehr, Tabak und Wein anzubauen und Essig herzustellen, jedoch ohne Erfolg. Im Hintergrund dieser Fehldeutung schwebt in der Überlieferung stets eine moderne Interpretation: man geht durch die gute Marketingstrategie der Region Mannheim/Schwetzingen stets davon aus, diese Region habe das traditionsreichste und größte Spargelanbaugebiet in Deutschland. Dies trifft allerdings nicht zu, denn tatsächlich ist dies die Region Braunschweig mit dem anschließenden Gebiet bis hin nach Nienburg und Norddeutschland, auch wenn es zunächst eine überraschende Feststellung sein sollte. Als die Pfälzer Emigranten 1750 die Schwetzinger Gegend verließen, existierte dort nur im kurfürstlichen Hofgarten Spargelanbau für Küchenzwecke des Hofes, und erst nach der Mitte des 19. Jahrhunderts entwickelte sich der großflächige Anbau auch in Baden. Ein Berliner *»Poet«* in einem Gästebuch eines Spargelrestaurants im 19. Jahrhundert:

*»Ick aß juten Spargel am Oberrhein,*
*auch in Berlin tat ick mir dran erfreun.*
*Doch in Braunschweig hab ick ihn indessen,*
*vor lauter Bejeisterung quer jefressen.«*

Die Situation der ideal geeigneten Sandböden im Braunschweigischen waren für diese Entwicklung ebenso entscheidend, wie die traditionsreiche Landwirtschaft des Braunschweiger Landes, die schon immer ideenreich und innovationsfreudig war sowie in Verbindung mit den Naturwissenschaften am Collegium Carolinum agrarwissenschaftliche Studien und Forschungen zum eigenen Nutzen des Landes förderte. Zu Beginn des 19. Jahrhunderts haben dann Kontinentalsystem und Kontinentalsperre Napoléons die Notwendigkeit zu verbesserter wirtschaftlicher Infrastruktur mit Verringerung von Importabhängigkeit für die Versorgung der eigenen Bevölkerung einen zusätzlichen Innovationsschub ausgelöst. Weitaus gravierender auf die Entwicklung aber sollte sich der zukunftsorientierte Ausbau der Verkehrsinfrastruktur des Herzogtums auswirken. Am 1. Dezember 1838 wurde zwischen Braunschweig-Wolfenbüttel und dann Neustadt/Bad Harzburg die Erste Deutsche Staatseisenbahn eröffnet, und um 1860 verfügte das Land Braunschweig neben Belgien über das dichteste Eisenbahnnetz in

Europa (damals hatte man tatsächlich begriffen, was *»Nahver-kehr«* für die Regionalentwicklung bedeutet!).

Auch die übrigen Verkehrswege wurden ausgebaut, so dass die Verbesserung der gesamten Verkehrsinfrastruktur die beste Grundlage für den rasanten Ausbau des großflächigen agrarischen Spargelanbaus bot und damit die Vorraussetzung schuf, dass Braunschweig und sein Umland zum flächenmäßig größten geschlossenen Spargelanbaugebiet in Deutschland wurde. Damals waren die wichtigsten deutschen Spargelanbaugebiete Braunschweig, Schwetzingen, Berlin, Hamburg und Riga. Braunschweig und Schwetzingen waren dabei die *»Keimzellen«* der beiden heutigen großen Spargelanbaugebiete: das norddeutsche von Braunschweig über Hannover, Osnabrück bis Münster und an Nordsee und Elbe; das süddeutsche von Schwetzingen bis Schrobenhausen, Ingelheim und Darmstadt. Daneben gab und gibt es allerdings noch zahlreiche kleinere Anbaugebiete mit hoher Qualität.

Doch mit dem Anbau alleine ist die Erfolgsgeschichte des Braunschweiger Spargelanbaus noch längst nicht zu Ende. Eine Idee des Franzosen Apert aus dem Jahr 1804, zur Konservie-

**Professor Varrentrapp**

rung von Lebensmitteln, gelangte in der Zeit des Königreiches Westphalen nach Braunschweig und fand in der Folgezeit ideenreiche Entwickler bis hin zur Dosenkonservierung für den entfernt liegenden Export. Bereits um 1840 gab es erste Konservenfabriken und entsprechende Versuche zur Spargelkonservierung.

**Professor Varrentrapp**, Chemiker am Collegium Carolinum, unternahm diese Versuche und regte die Klempnermeister Pillmann und Daubert erfolgreich zur Dosenherstellung zur Konservierung an. Dies gelang erstmals in Deutschland mit Erfolg. 1861 pachtete der Konservenfabrikant Gustav Grahe einige Morgen Land vor Braunschweig, um Spargel anzubauen und zu konservieren.

**Braunschweig um 1900**

Er forderte auch die Gärtner und Landwirte der Region zur *»feldmäßigen Anlage von Spargel«* auf und verpflichtete sich zur Abnahme der Ernte, was einen enormen Aufschwung des Spargelanbaus zur Folge hatte. In den ersten Jahren wurde mit eher handwerklichen Produktionsmethoden gearbeitet. Durch den Einsatz von Dampfmaschinen und modernen Fertigungsanlagen entstand aber bald ein fabrikmäßiges Unternehmen. Spargelanbau und Entwick-

lung der Dosenindustrie standen in Braunschweig im 19. Jahrhundert in einem ursächlichen Zusammenhang. Die Qualität und die Menge des angebauten Gemüses, namentlich des Spargels, machten Braunschweig zum Zentrum der Konservenindustrie des Deutschen Reiches, das erst nach dem Zweiten Weltkrieg seine Bedeutung verlor.

Ein Beispiel der frühen Entwicklung mag die Dimension und wirtschaftliche Bedeutung unterstreichen. Die Firma von Max Koch (1852 – 1923) in der Bertramstraße konservierte nach 1880 jährlich etwa 15 000 Zentner Spargel in 3 Millionen Dosen oder Gläsern und exportierte weltweit, u.a. nach Manila, Montevideo, Kapstadt und an Schiffe auf allen Weltmeeren. Was im Spätmittelalter der braunschweigische Exportschlager Mumme war, wurde nun die Spargelkonserve. Die sorgfältige Bearbeitung des Landes sorgte für hohe Qualität und feinsten Geschmack des braunschweigischen Spargels. Bald schlossen sich zahlreiche Landbesitzer zu einer Spargelbau-Aktiengesellschaft zusammen, die z.B. auf den Feldern um Braunschweig 1891 eine halbe Million Pfund (5000 Z.) Spargel erntete, wovon 350 000 Pfund (3500 Z.) in den Export gelangten. Dies bedeutete Globalisierung des Spargelmarktes, und Braunschweig bildete das Zentrum.

**In der Blütezeit arbeiteten 6000 Menschen, überwiegend Frauen in den Braunschweiger Konservenfabriken, wie hier bei H. L. Krone & Co. um 1900. Foto: Stadtarchiv**

1882 gab es bereits 29 Fabriken, 1899 waren es 42 und 1914 schließlich 52 im Gebiet des Herzogtums Braunschweig, davon 43 in der Stadt selber. Der Verein der Konservenfabrikanten in Braunschweig beschäftigte in der Saison etwa 20 000 Menschen, hauptsächlich Frauen. Ihr täglicher Verdienst schwankte 1899 je nach Akkordleistung zwischen 1,20 und 3 Mark, bei einem durchschnittlichen Stundenlohn von 13 Pfennigen. Die tägliche Arbeitszeit umfasste 10 bis 11 Stunden. Ein Schmied verdiente damals etwa 50 Pfennig in der Stunde. Für eine Wohnung mußte zwischen 16 und 20 Mark pro Monat bezahlt werden.

Mit dem großen Aufschwung der Konservenindustrie im vorigen Jahrhundert war auch eine Spezialindustrie für die Herstellung von Dosen erforderlich geworden. Im Jahr 1872 begann die Firma Unger mit der Herstellung von Konservendosen, aber noch unter handwerklichen Produktionsmethoden. Diese Dosen wurden anfänglich noch mehrfach verwendet. In den 1890er Jahren kam die Firma Bremer und Brückmann dazu, die den maschinell betätigten Falzverschluss entwickelten. 1895 begann Johann Andreas Schmalbauch mit der Konservierung von Spargel in Braunschweig. Er hatte zunächst die benötigten Dosen von dem Klempnermeister Franz Becker bezogen, dessen Firma er 1898 übernahm. 1913 wurde der Familienname in Schmalbach geändert. Das zunächst als Konservenfabrik gegründete Unternehmen Schmalbauchs wurde später zum größten Verpackungsmittelhersteller Deutschlands. 1913 bestand das Unternehmen bereits aus 3 Fabriken, 1922 waren es 5 und 1925 sogar schon 10 einzelne Firmen. Im Zuge dieser Entwicklung entstanden auch Fabriken zur Herstellung von Fertigungsanlagen für die Konservenindustrie. Man sieht also, welche industriell-wirtschaftliche Initialzündung mit dem Spargelanbau in Braunschweig verbunden war.

## SPARGEL ALS HEILKRAUT

Spargel war aber nicht nur als *»Gaumenschmeichler«* seit der Antike ein *»königliches Gemüse«*, das als Essen bis heute hohe Wertschätzung erfuhr und erfährt. Schon die Griechen schätzten den Spargel vor allem als Heilmittel, glaubte man doch, in seinen Bestandteilen und seiner Wirkung eine vielfältige medizinische Nutzbarkeit nachweisen zu können. Bei den Römern vermischte sich diese medizinische Überlieferung mit einer Reihe wohl eher abergläubischer Vorstellungen. Dabei waren römische Schriftsteller der Meinung, dass Spargel aus heimlich vergrabenen zerkleinerten Widderhörnern wachse (eine Verwechslung wohl mit dem bekannten Düngemittel Hornspäne) und daher besondere Wirkung habe. So etwa, dass Hunde nach dem Trinken von Wasser, in dem Spargel gekocht wurde, sterben würden. Zerkleinert man Spargel und macht sich davon ein Amulett, so soll, nach Meinung römischer Schriftsteller, bei Frauen Unfruchtbarkeit erzeugt werden – weshalb Spargel auch als Verhütungsmittel empfohlen wurde. Letztlich sollte Spargel gut sein gegen Bauchschmerzen, insbesondere wenn er mit Kümmel und Wein vermischt wurde.

Durch den Zusammenbruch des römischen Weltreiches und den Kriegen zwischen den germanischen Stämmen sowie der Völkerwanderungszeit und ihren Folgen kam der kultivierte Spargelanbau am Übergang zwischen Antike und Mittelalter fast völlig zum Erliegen. Es gab nur noch wildwachsenden Spargel, so dass er – ähnlich wie Wildkräuter – zunächst im Mittelalter und der Frühen Neuzeit auch bei uns überwiegend als Heilpflanze genutzt und geschätzt wurde. Dies galt selbst dort, wo etwa, wie in den mittelalterlichen Klöstern, wieder kultivierter Spargel in Gärten angebaut wurde. Dieser medizinischen Bedeutung entspringt die Tatsache, dass noch im 19. Jahrhundert Spargelsamen und Wurzelkraut in jeder Apotheke als Heilmittel bzw. Medizin geführt werden mußte. Im wichtigsten Lexikon der Aufklärungszeit, dem »Zedler« im 18. Jahrhundert findet sich daher folgender Hinweis:

*»In denen Apothecken brauchet man den Saamen und führnehmlich die Wurtzeln insondernheit eröffnen und reinigen sie die Brust, Leber, Milz und Nieren, dienen wider die Gelb-, Wasser- und Schwindsucht. [...] Die Wurtzel auf die schmertzhaften Zähne geleget, soll machen, daß sie ohne einigen Schmertz ausfallen. [...] Der Safft vom Kraut im Mund gehalten, benimmet das Zahn-Weh. Die Wurtzeln zerschnitten, zerstossen, in Wein gesotten und warm aufgeleget, stillen die Schmertzen derer verrenckten Glieder. Das Kraut also bereitet und übergeleget, vertreibet die Nieren-Schmertzen. Die rothen Beerlein gedörret, zu Pulver gestossen und davon eingenommen, stellen die rothe Ruhr und andere Bauch-Flüsse. Das Wort Asparagus soll von Aspergendo, vom Besprengen, herkommen, weil sein Kraut zum Besprengen oder zum Bespritzen dienet.«*

Die Bedeutung des Spargels als Heilkraut belegen vor allem viele Kräuterbücher des 15. und 16. Jahrhunderts, die dem Spargel und seiner Wirkung umfangreiche Kapitel widmeten. Die Autoren waren zumeist Ärzte oder Apotheker, die für den eigenen Bedarf Bücher über Wirkungen von Pflanzen verfassten und sie mit herrlichen, aber auch wichtigen Illustrationen versahen. Vor allem in Oberitalien herrschte im 15. Jahrhundert ein starkes Interesse an botanischen Studien, das getragen wurde von einem blühenden Apotheker-gewerbe in Venedig und der berühmten medizinischen Fakultät der

Universität in Padua. Zahlreiche Handschriften entstanden, die der Pflanzenwelt und der gesunden Lebensweise gewidmet waren. Die ersten gedruckten Kräuterbücher entstanden am Ende des 15. Jahrhunderts, nachdem Gutenberg mit der Erfindung des Buchdrucks eine neue Ära eingeleitet hatte. Nun wurden Heilpflanzen und Spargel als solche äußerst populär und in weiten Kreisen von Medizinern und *»Wunderheilern«*, Barbieren und Quacksalbern bekannt und verbreitet. Den Autoren der Kräuterbücher waren die Inhaltsstoffe der Spargelpflanze aus den überlieferten Schriften der Antike weitgehend bekannt, und sie stellten Rezepturen zusammen, die bei folgenden Leiden helfen sollten: Steinleiden, Herzklopfen, Husten mit blutigem Auswurf, Rheumatismus, Gicht, Milz- und Leberleiden, Gelbsucht, Hämorrhoiden, Ruhr, Magenschwäche, Milchschorf, Lungenleiden. Besonders wurde die blutreinigende und harntreibende Wirkung des gepressten Spargelsaftes hervorgehoben. Außerdem galt Spargel als aphrodisierend, potenzsteigernd, empfängnisverhütend.

Noch einmal *»Zedler«* im 18. Jahrhundert: *»Die Spargen sind dem Magen, sonderlich im Anfang der Mahlzeiten angenehm, erwecken Lust zum Essen [...] Vor dem Essen gegessen, kühlen und eröffnen sie die verstopffte Leber, Milz und Nieren, erweichen den Leib, befördern den Urin, welcher starck danarch riechet. [...] Dienen wohl denen, so Harn-Winde haben, und damit dem Grießt- oder Nieren-Steinn beschweret sind; helffen denen scorbutische und Wassersüchtigen, mehren den Saamen, und machen Lust zum Beyschlaff. Sie sollen auch eine verborgene Eigenschafft in allen Augen-Kranckheiten haben, schaden aber dem Podagrischen (Gicht) und die einen schwachen Magen haben [...] wie auch denen* *schwangern Weibern; wenn die Weiber viel Spargel essen sollen sie unfruchtbar werden.[...]«*

Auch heute noch gilt Spargel als besonders gesundheitsfördernd und bekömmlich. Der Nährwert des Spargels ist gering, da er zu 99 % aus Wasser besteht – ein Genuss also ohne Reue. Der Gehalt an Asparaginsäure hat tatsächlich medizinisch helfende Wirkung für die Nieren, denn Rückstände aus Körper und Nieren werden ausgeschwemmt. Die Rationalität und die Entwicklung der Naturwissenschaften im Zuge der Aufklärung haben die *»wundergläubige«* Vielfalt der medizinischen Anwendungsbereiche seit dem Ende des 18. Jahrhunderts dazu geführt, dass die Heilwirkung des Spargels nicht mehr im Zentrum des Interesses stand. Nun entwickelte sich Spargel mehr und mehr zum Gemüse, zunächst noch eher als Luxusessen, nach und nach aber mit wachsendem Wohlstand des Bürgertums zu einem besonderen Essen auch breiter bürgerlicher Schichten der Gesellschaft.

Die harntreibende Wirkung von Spargel war und ist bekannt, und daher mag eine amüsante Geschichte zum Spargel das Ende für den heutigen Vortrag bilden:

### DER VERRÄTERISCHE SPARGEL

Ein Bündel Spargeln hätte einmal während meines Aufenthaltes in Paris beinahe großes Unglück verursacht. Der Herzog von P…., ein Liebling Ludwig Philipps, hatte eine bekannte Schauspielerin zur Geliebten. Er sah eines Tages bei Madame Chevet ein Bündel Spargeln, das erste und einzige, das nach Paris gekommen war. Er wollte es kaufen, um es mit der Geliebten zu speisen, fand es zu teuer, ging ins Cafe Foy, besann sich eines besseren und kehrte zu Frau Chevet zurück. *»Es tut mir leid«*, sagte Frau Chevet, *»eben hat es Herr M... (ein berühmter Bankier) gekauft und weggetragen«*. Der Herzog von P… ärgerte sich, denn er hatte schon seit längerer Zeit den Bankier in Verdacht, sein Rivale zu sein. Er speiste im Club und ging erst spät abends zu der Geliebten. Unglücklicherweise stand im Schlafzimmer das Nachttischchen offen, dem ein verräterischer Geruch entströmte. *»Niederträchtige«* rief der Herzog voll Wut. *»Du hast mit Herrn M... zur Nacht gespeist.«* Er verließ die Schauspielerin, nachdem er alle Möbel in ihrem Zimmer zerschlagen hatte und wollte sich mit Herrn M… auf Tod und Leben duellieren. Die allerhöchste Intervention verhinderte die Ausführung dieser mörderischen Vorsätze. Bekanntlich aber wirken die Spargeln auf den Geruch der flüssigen Ausscheidungen ganz entgegengesetzt, wie Terpentin, dessen Wirkung eins Heinrich Heine besungen hat.

**© Prof. Dr.h.c. Gerd Biegel**
Institut für Braunschweigische Regionalgeschichte
und Geschichtsvermittlung
TU Braunschweig
Fallersleber-Tor-Wall 23
38100 Braunschweig
Tel.: 0531 – 1219674
Fax: 0531 - 1232719
Mobil: 0171-8613047
e-mail: biegel@gerd-biegel.de

Impressum

**BETRACHTUNGEN ZUR GESCHICHTE DES SPARGELS, INSBESONDERE IM BRAUNSCHWEIGER LAND**
von Gerd Biegel, Institut für Braunschweigische Regionalgeschichte und Geschichtsvermittlung
Abb.: Vorlagen und Repros Archiv IBRG
Als Vorlage diente ein Akademievortrag 2022 im IBRG

Herausgeber: Hans-Jürgen Sträter, Adlerstein Verlag

Herstellung und Verlag: BoD – Books on Demand, Norderstedt
ISBN: 9783757819217
Ausgabe vom Juni 2023



Weitere Bücher des Herausgebers finden Sie hier: